LES CHOSES QUI VONT...

AUX URGENCES

Un livre de la collection
Les racines de Crabtree

CHRISTINA EARLEY

CRABTREE
Publishing Company
www.crabtreebooks.com

Soutien de l'école à la maison pour les parents, les gardiens et les enseignants

Ce livre aide les enfants à se développer grâce à la pratique de la lecture. Voici quelques exemples de questions pour aider le lecteur ou la lectrice à développer ses capacités de compréhension. Les suggestions de réponses sont indiquées en rouge.

Avant la lecture

- De quoi ce livre parle-t-il?
  - *Je pense que ce livre parle des véhicules d'urgence.*
  - *Je pense que ce livre parle des types de véhicules utilisés lors des situations d'urgence.*
- Qu'est-ce que je veux apprendre sur ce sujet?
  - *Je veux savoir quels sont les différents types de véhicules d'urgence.*
  - *Je veux apprendre les différents types de véhicules utilisés lors des situations d'urgence.*

Pendant la lecture

- Je me demande pourquoi...
  - *Je me demande pourquoi les ambulances et les voitures de police ont des sirènes.*
  - *Je me demande pourquoi plusieurs camions d'incendie sont rouges.*
- Qu'est-ce que j'ai appris jusqu'à présent?
  - *J'ai appris qu'une voiture de police aide lors des situations d'urgence.*
  - *J'ai appris qu'une dépanneuse aide quand les voitures tombent en panne.*

Après la lecture

- Nomme quelques détails que tu as retenus.
  - *J'ai appris que différents types de véhicules sont utilisés lors des situations d'urgence.*
  - *J'ai appris que des véhicules sont utilisés pour nous aider lors d'une situation d'urgence.*
- Lis le livre à nouveau et cherche les mots de vocabulaire.
  - *Je vois les mots **voiture de police** à la page 7 et le mot **dépanneuse** à la page 10. Les autres mots de vocabulaire se trouvent à la page 14.*

Qu'est-ce qui peut aider lors d'une **situation d'urgence**?

Une **ambulance**
peut aider.

AMBULANCE

Une **voiture de police** peut aider.

Un **camion d'incendie** peut aider.

TRUCK

Une **dépanneuse** peut aider.

L'aide est en route!

AMBULANCE

Liste de mots

Mots courants

aider
de
en
lors
peut
qu'est-ce
un
une

La boîte à mots

ambulance

camion d'incendie

dépanneuse

situation d'urgence

voiture de police

31 mots

Qu'est-ce qui peut aider lors d'une **situation d'urgence**?

Une **ambulance** peut aider.

Une **voiture de police** peut aider.

Un **camion d'incendie** peut aider.

Une **dépanneuse** peut aider.

L'aide est en route!

LES CHOSES QUI VONT...

AUX URGENCES

Autrice : Christina Earley
Conception : Rhea Wallace
Développement de la série : James Earley
Correctrice : Janine Deschenes
Conseils pédagogiques : Marie Lemke M.Ed.
Traduction : Annie Evearts
Coordinatrice à l'impression : Katherine Berti
Références photographiques :
Shutterstock : Gervasio S. : couverture, p. 1; tommaso79 : p. 3, 14; blurAZ : p. 5, 8-9, 14; Dwight Smith : p. 6, 14; aapsky : p. 11, 14; Ognjeno : p. 13, 14

Crabtree Publishing Company

www.crabtreebooks.com 1-800-387-7650

Publié aux États-Unis
Crabtree Publishing
347 Fifth Avenue
Suite 1402-145
New York, NY, 10016

Publié au Canada
Crabtree Publishing
616 Welland Ave.
St. Catharines, Ontario
L2M 5V6

Imprimé au Canada/062021/CPC

Catalogage avant publication de Bibliothèque et Archives Canada

Titre: Aux urgences / Christina Earley ; texte français d'Annie Evearts.
Autres titres: In an emergency. Français.
Noms: Earley, Christina, auteur.
Description: Mention de collection: Les choses qui vont... | Les racines de Crabtree | Traduction de : In an emergency. | Comprend un index.
Identifiants: Canadiana (livre imprimé) 20210258179 | Canadiana (livre numérique) 20210258209 | ISBN 9781039607026 (couverture souple) | ISBN 9781039607071 (HTML) | ISBN 9781039607125 (EPUB) | ISBN 9781039607170 (livre numérique avec narration)
Vedettes-matière: RVM: Véhicules prioritaires—Ouvrages pour la jeunesse. | RVMGF: Documents pour la jeunesse.
Classification: LCC TL235.8 .E2714 2022 | CDD j629.225—dc2